Inhalt

Branchenreport TEXTIL Ausgabe 1/2011

Kernthesen

Beitrag

Zahlen und Fakten

Weiterführende Literatur

Impressum

Branchenreport TEXTIL Ausgabe 1/2011

Markus Hofstetter

Kernthesen

- Die deutsche Textil- und Bekleidungsindustrie hat sich 2010 vom Umsatzeinbruch 2009 fast wieder erholt.
- Der deutsche Modefachhandel erzielte 2010 den stärksten Umsatzzuwachs seit 18 Jahren.
- Beliebtester Einkaufort der Deutschen für Bekleidung ist das Kaufhaus beziehungsweise Warenhaus.
- Die Zahl der Aufgriffe bei Produktpiraterie hat sich 2010 zwar mehr als verdoppelt, aber der Wert der beschlagnahmten Waren hat sich verringert.

Beitrag

Textil- und Bekleidungsindustrie macht Verluste wett

Die deutsche Textil- und Bekleidungsindustrie hat 2010 einen Gutteil des Umsatzrückgangs 2009 in Höhe von fast 15 Prozent wieder wettgemacht. Der Umsatz stieg in diesem Zeitraum um 9,6 Prozent von 14,6 auf 16 Milliarden Euro. Dabei war Textil mit einem Plus von 16,8 Prozent auf 9,4 Milliarden Euro Umsatz deutlich besser als Bekleidung mit einem Plus von 0,8 Prozent auf 6,6 Milliarden Euro Umsatz. Doch das Niveau des Jahres 2008 ist damit noch nicht wieder erreicht. Die Zahl der Beschäftigten ging um sechs Prozent auf 81 000 zurück. Sämtliche Kennzahlen beziehen sich dabei auf Unternehmen mit 50 und mehr Beschäftigten. (1), (2)

Die verschiedenen Segmente der Textilindustrie schnitten sehr unterschiedlich ab. Die Vliesstoffindustrie hat die Krise am besten überwunden und legte um 38,8 Prozent zu. Spinnereien meldeten einen Zuwachs von 31,9 Prozent, konfektionierte Textilware von 23,7 Prozent. Am unteren Ende der Wachstumsskala waren

Veredlung mit plus 2,9 Prozent und Weberei mit plus 3,3 Prozent. (1), (2)

Die Heimtextilienindustrie legte beim Umsatz 2010 um drei Prozent zu. Im Gegensatz zu vielen anderen Branchen war dies allerdings auf die gestiegene Nachfrage von plus sieben Prozent im Inland zurückzuführen, die den Exportrückgang mehr als ausgleichen konnte. Ein Grund mag sein, dass immer mehr bekannte Modelabels ihre Namen auch auf Heimtextilien platzieren und die Mode damit auch in diesen Bereich immer stärker Einzug hält. Überproportionales Wachstum wird im Bereich der nachhaltigen Heimtextilien erwartet, Experten rechnen mit zehn Prozent in diesem Jahr. (18)

Auch die Lederwarenbranche hat sich laut Bundesverband Lederwaren und Kunststofferzeugnisse (BLVK) erholt. Der Umsatz erhöhte sich von 2009 auf 2010 um 2,9 Prozent auf 239 Millionen Euro. Damit ist das Umsatzniveau aus der Zeit vor der Finanzkrise noch nicht erreicht worden. Das Plus ist rein vom Auslandsgeschäft getragen. Denn während der Inlandsumsatz um 3,8 Prozent auf 166 Millionen Euro zurückging, erhöhte sich der Auslandsumsatz um 21 Prozent auf 73 Millionen Euro. (1), (3)

Importe aus Asien legen zu

Laut dem Statistischen Bundesamt haben die Textil- und Bekleidungsimporte aus Asien nach Deutschland von 2009 auf 2010 um 15 Prozent auf rund 17 Milliarden Euro zugelegt. Insgesamt wurden Textilien und Bekleidung im Wert von 32,8 Milliarden Euro in die Bundesrepublik eingeführt. Die Textil- und Bekleidungsexporte stiegen in gleichen Zeitraum um 7,5 Prozent auf 22,2 Milliarden Euro.

Doch bedingt durch die Krise wurden 2009 weltweit Kapazitäten bei den Rohstoffen und in der Fertigung abgebaut. Sehr stark waren dabei Länder betroffen, in denen deutsche Unternehmen beschaffen und fertigen lassen. So sind in Indien 16,5 Prozent der Textilanbieter weggefallen, in der Türkei 15,5 Prozent und in China 11,9 Prozent. Seit Überwindung der Krise sind zudem die Rohstoffe, vor allem Baumwolle, knapp geworden, da unter anderem die Anbauflächen verkleinert wurden und es wegen schlechter Witterung zu größeren Ernteausfällen kam. Dementsprechend haben sich die Rohstoffpreise mehr als verdoppelt. Hinzu kamen gestiegene Transportkosten. Für die Textilanbieter hat sich der Preisdruck daher nochmals erhöht, so dass in diesem Jahr von Preissteigerungen von rund 15 Prozent für Endverbraucher ausgegangen wird. (2), (4)

Die größten Bekleidungshersteller aus Deutschland

Wer sind die größten deutschen Bekleidungshersteller in 2010? Mit Abstand die Nummer eins bleibt Adidas mit einem Konzernumsatz von von rund 12 Milliarden Euro (plus 15,5 Prozent) und 42 500 Mitarbeitern weltweit. Auf Rang zwei liegt Esprit mit 2,58 Milliarden Euro Umsatz (2009/2010), gefolgt von Hugo Boss mit rund 1,73 Milliarden Umsatz und 9 944 Mitarbeitern. (19), (20)

Auch auf Europa bezogen nehmen die beiden deutschen Hersteller Adidas und Esprit Platz eins und zwei ein. Auf Rang drei folgte bis 2009 noch die Valentino Fashion Group (VFG). Inklusive Hugo Boss erwirtschafteten die Italiener 2009 einen Umsatz von 1,98 Milliarden Euro. Doch inzwischen ist Hugo Boss aus der VFG herausgelöst worden. (7), [Abb. 1]

Modefachhandel mit dem größten Umsatzanstieg seit 18 Jahren

2010 ist für den Modefachhandel gut gelaufen. Der Testclub der TextilWirtschaft, das teilnehmerstärkste

Panel im deutschen Textileinzelhandel, meldet für dieses Jahr ein durchschnittliches Plus von drei Prozent. So stark hat der deutsche Modehandel seit 18 Jahren nicht mehr zugelegt, 1991 betrug der Zuwachs sechs Prozent. Zwei Drittel der TW-Testclubteilnehmer haben ihre Umsätze im vergangenen Jahr gesteigert, knapp jeder fünfte um zehn Prozent und mehr.

Die benachbarten Branchen waren im Jahr 2010 sogar noch etwas erfolgreicher als der Bekleidungsfachhandel. So weist die amtliche Statistik für den Schuhfachhandel ein vorläufiges Umsatzplus in Höhe von acht Prozent aus, für den Sportfachhandel von 8,1 Prozent und für den Lederwarenfachhandel sogar von 8,7 Prozent.

Was kommt 2011?
Für das laufende Jahr rechnen 39 Prozent der Unternehmen laut einer BTE-Umfrage mit einem leichten Umsatzplus, 24 Prozent mit einem deutlichem Plus. Für den gesamten Bekleidungshandel erwartet der BTE 2011 ein Umsatzplus von zwei Prozent. (5), (6), (8), (9) [Abb. 2]

Die Einkaufsorte der Deutschen

Wo kaufen die Deutschen ihre Bekleidung? Beliebtester Einkaufort ist laut einer Umfrage von

Communication Networks das Kaufhaus beziehungsweise Warenhaus. 46 Prozent der Bundesbürger erwerben dort ihre Kleidung. Auf Platz zwei folgt C&A, hier gehen 39 Prozent einkaufen. Auf Platz drei liegen größere Bekleidungshäuser wie Wormland mit 31 Prozent. Mit 29 Prozent liegen die Einkaufszentren mit mehreren Fachgeschäften auf Rang vier, gefolgt von H&M mit 26 Prozent. Ein ständig wachsender Bereich ist der Einkauf über Online-Shops und Internet. 2010 wurden hierüber schon 13 Prozent der Umsätze erwirtschaftet und auch 2011 ist die Tendenz weiter steigend. [Abb. 3]

Rekordjahr bei Produktpiraterie

Der deutsche Zoll beschlagnahmte 2010 so häufig wie noch nie gefälschte Waren. Die Zahl der Aufgriffe schnellte von 9 622 im Jahr 2009 auf nun 23 713. Der Wert der beschlagnahmten Waren verringerte sich allerdings von 364 Millionen Euro auf rund 96 Millionen Euro. Diese Entwicklung war nach Zoll-Angaben maßgeblich beeinflusst von der Fußball-WM in Südafrika. So wurden vermehrt über das Internet gefälschte Fanartikel bestellt, was auch die Aufgriffe im Postverkehr um 170 Prozent ansteigen ließ. Mit einem Anteil von rund 78 Prozent werden die meisten gefälschten Produkte nach wie vor hauptsächlich an Flughäfen aufgegriffen, ein Prozent entfallen auf den Postweg. Über achtzig Prozent der identifizierten Produktplagiate kamen aus China, Hongkong und Thailand.

Der Wert der aufgegriffenen Bekleidung lag dabei bei 18,3 Millionen Euro, der von Schuhe bei 16,1 Millionen Euro. Auf Taschen, Schmuck, Uhren und Brillen entfielen 28,4 Millionen Euro. (11)

Gemischte Entwicklung im Ausland

Laut dem Verband der italienischen Textil- und Modebranche Sistema Moda Italia (SMI) erhöhte sich 2010 der Umsatz der italienischen Textil- und Modebranche um 4,6 Prozent auf 48,4 Milliarden Euro. Der Export legte um 5,9 Prozent auf 23,2 Milliarden Euro zu. Die Zahl der im Textil- und Modesektor Beschäftigten schrumpfte aber um fünf Prozent auf 458 000.

Die Umsätze im Einzelhandel mit Textilien und Bekleidung in Frankreich sind 2010 sind dagegen leicht gesunken. Die Erlöse gingen um 0,6 Prozent zurück, gegenüber einem Minus von je drei Prozent in den Jahren 2009 und 2008. Das hat das Institut Français de la Mode (IFM) errechnet.

Der Umsatz des Textileinzelhandels in Tschechien hat sich 2010 erholt und ein Plus von 2,5 Prozent erreicht. Das ist das Ergebnis eines Händler-Panels des Textil Journal. Den höchsten Zuwachs wiesen die ausländischen Großfilialisten, allen voran Tesco, aus. Der einheimische mittelständische Handel musste sich dagegen mit einem Pari begnügen. (12),(13), (14)

Trends

Mehr Bekleidung wird teurer eingekauft

HML Modemarketing analysiert viermal jährlich die Konsumausgaben für Mode. Die befragten Konsumenten ordnen sich dabei selbst den definierten Segmenten gehobener Markt, Markt der Mitte oder Preismarkt zu. Die aktuelle Untersuchung des Frankfurter Beratungsunternehmens zeigt, dass die deutschen Verbraucher in den Monaten August 2010 bis einschließlich Januar 2011 insgesamt mehr Bekleidung zu einem höheren Preis gekauft haben als im Vorjahreszeitraum. Dabei hat sich die HAKA deutlich besser entwickelt als die DOB. Auffällig ist die immer größer werdende Kluft in den drei von HML definierten Segmenten. Während die Tendenz zum wertigeren Einkauf in erster Linie vom gehobenen Markt getragen wurde, blieb der Markt der Mitte weitgehend stabil. Im Preismarkt kam es dagegen sowohl in der DOB als auch in der HAKA zu einem Wertverlust. (15), [Abb. 4]

Ausbildungsbereitschaft der Textileinzelhändler steigt

Die positive Umsatzentwicklung im Textileinzelhandel wirkt sich auch auf die Ausbildungsplatzsituation in der Branche aus. Wie aus einer Umfrage im TW-Testclub hervorgeht, wollen 43 Prozent aller Textileinzelhändler in 2011 Auszubildende einstellen. Damit ist die Ausbildungsbereitschaft in der Branche im Vergleich zum Vorjahr deutlich gestiegen. 2010 wollten nur 36 Prozent der Betriebe Ausbildungsplätze neu besetzen. Dabei planen 16 Prozent der Ausbildungsbetriebe im Textileinzelhandel 2011 mehr Azubis als im Vorjahr einzustellen. Überdurchschnittlich oft vertreten sind dabei kleinere Unternehmen. Achtzig Prozent der Händler halten die Zahl der Ausbildungsplätze konstant. Vier Prozent bieten weniger Lehrstellen an. (16)

Interesse der Verbraucher an Umwelt- und Sozialstandards steigt

Immer mehr Menschen interessieren sich für die Produktions- und Arbeitsbedingungen, unter denen Produkte hergestellt werden, und fragen nach der Einhaltung von Umwelt- und Sozialstandards in der gesamten Produktionskette. Der Gesamtverband der deutschen Textil- und Modeindustrie e.V. hat daher in Abstimmung mit den anderen Landes- und Fachverbänden der Branche einen Code of Conduct (Verhaltenskodex) für die Unternehmen der Branche entworfen. Wesentliche Inhalte des Code of Conducts sind Einhaltung der Gesetze, Verbraucherinteressen, Kommunikation, Menschenrechte, Arbeitsbedingungen, Umweltschutz und bürgerschaftliches Engagement. Der Code steht jedem Unternehmen zur freiwilligen Nutzung zur Verfügung, eine Mitgliedschaft im Verband ist keine Voraussetzung. (17)

Zahlen & Fakten

Abbildung 1: Die größten Bekleidungshersteller in Deutschland 2009/2008

Rang	Unternehmen	Labels	Umsatz in Mio. Euro		Veränderung
			2009	2008	in %
1	Adidas Group	Adidas, Reebock, Taylormade u.a.	4 663	4 775	-2,3
2	Esprit */**	Esprit, edc, de.corp	2 580	2 750	-6,2
3	Hugo Boss (1)	Boss, Hugo, Selection	1 518	1 639	-7,4
4	Multiline Textil	Multiline Germany, Miami Beach u.a. Private Label	1 407	1 327	6
5	S. Oliver Group	S. Olvier, OS by S. Oliver, Comma	893	816	9,4
6	Puma	Puma, Tretorn, Hussein Chalayan	853	899	-5,1
7	Miro Radici AG	Apagne, Steilmann, Stones, Kapalua, Kirstin, Marcona u.a.	840	840	0
8	CBR Fashion	Street One, Cecil, One Touch	700	700	0
9	Gerry Weber	Gerry Weber,	594	570	4,2

		/* Taifun, Samoon u.a.			
10	JCK Holding	Private Label	415	346	19,9

* Geschäftsjahr 2009/2010, ** Geschäftsjahr 2008/2009, *** Geschäftsjahr 2006/2007 (1) Konzernumsatz mit Bekleidung und Schuhen Entnommen aus: melliand Textilberichte, 6/2010, S. 253, (7)

Abbildung 2: Der deutsche Modehandel

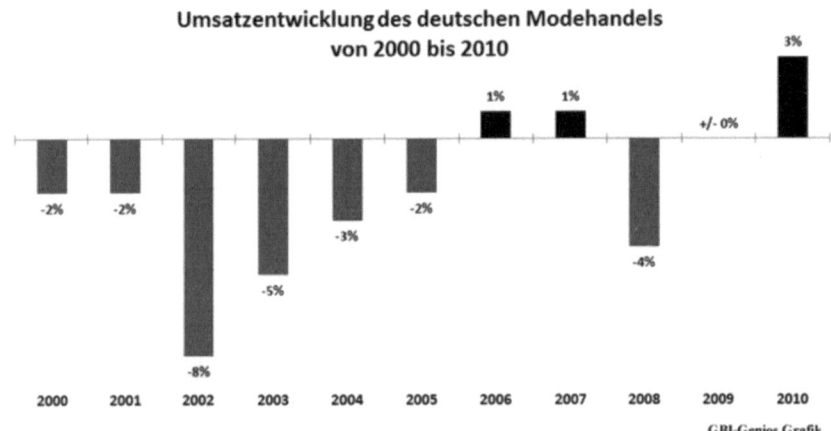

Quelle: TW Testclub Entnommen aus: TextilWirtschaft, 1/2011, S. 32, (6)

Abbildung 3: Einkaufsorte für Bekleidung 2010 *

Einkaufsort	in

	Prozent
Kaufhaus, Warenhaus	46
C&A	39
Größeres Bekleidungshaus (z.B. Peek & Cloppenburg, Wormland)	31
Einkaufszentrum mit mehreren Geschäften	29
H&M (Hennes und Mauritz)	26
Fachgeschäft, Boutique	24
Versandhaus (per Katalog)	23
Jeansladen	22
Shop-in-Shop in größeren Bekleidungshäusern, Kaufhäusern	13
Sportartikelgeschäft	12
Eigene Markenshops des Herstellers (z.B. Benetton)	8
Internet-Auktionshäuser wie z.b. ebay	8
Verbrauchermarkt, SB-Markt	8
Direktverkauf vom Hersteller, Factory Outlets	7
In Online-Shops	7
Second Hand Geschäft	4
Zara	3
Maßkleidung beim Schneider, Herrenausstatter	2
An anderen Orten	7

* Frage: "Wenn Sie sich Bekleidung kaufen, wo kaufen Sie da überwiegend ein?" Basis: 11 883 Befragte von 14 bis 69 Jahren, die voll- oder teilweise berufstätig sind Zeitraum: 28.04.2008 bis 30.04.2010.

Quelle: Communication Networks 14.0, TNS Infratest MediaResearch, MMA Media Markt Analysen, Ebert + Ebert Entnommen aus: FAKT- Markt- und Branchenstatistiken, (10)

Abbildung 4: Nachfrageentwicklung beim Bekleidungskauf

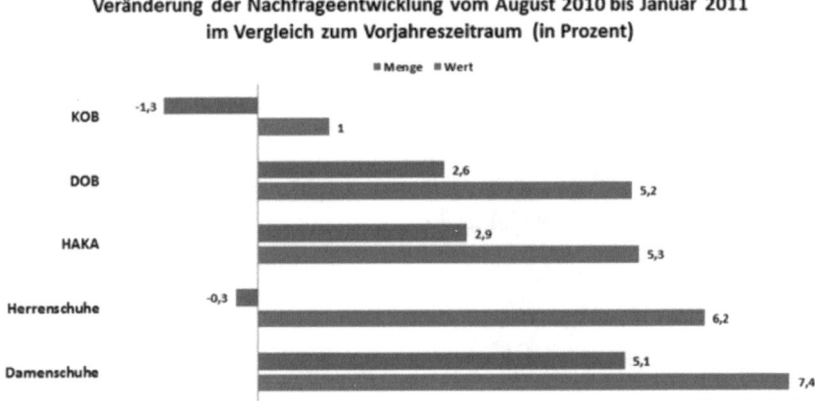

Quelle: HML Marketing Entnommen aus: TextilWirtschaft, 12/2011, S. 15, (15)

Weiterführende Literatur

(1) Textilumsätze steigen um fast 17% aus TextilWirtschaft 09 vom 03.03.2011 Seite 010

(2) Umsatz in Textil- und Bekleidungsindustrie +9,6 %

aus melliand Textilberichte Nr. 01 vom 31.03.2011
Seite 011

(3) Lederwarenbranche ist optimistisch
aus Frankfurter Allgemeine Zeitung, 26.03.2011, Nr. 72,
S. 57

(4) Klar-Text Textilindustrie-Umsatzrangliste
aus melliand Textilberichte Nr. 01 vom 31.03.2011
Seite 011

(5) 2010: Textilfachhandel mit gutem Umsatzplus
aus TextilWirtschaft 09 vom 03.03.2011 Seite 020

(6) Rekordabschluss 3%
aus TextilWirtschaft 01 vom 06.01.2011 Seite 032

(7) Die größten Bekleidungslieferanten
aus melliand Textilberichte Nr. 06 vom 08.12.2010
Seite 253

(8) Fokus Schuhe
aus TextilWirtschaft 12 vom 24.03.2011 Seite 046 bis 049

(9) BTE-Umfrage Der Modefachhandel ist guten Mutes
aus HANDELSJOURNAL NR. 002 VOM 07.02.2011 SEITE 017

(10) D: Einstellung zu Mode und Outfit und Einkaufsorte für Bekleidung 2010
aus Studie Communication Networks 14.0, 2010

(11) Produktpiraterie: 2010 war Rekordjahr
aus TextilWirtschaft 13 vom 31.03.2011 Seite 050

(12) IN KÜRZE
aus TextilWirtschaft 49 vom 09.12.2010 Seite 034

(13) Tschechien: Modehandel schaffte 2010 ein Plus
aus TextilWirtschaft 10 vom 10.03.2011 Seite 057

(14) Frankreich: Modehandel nur noch leicht im Minus
aus TextilWirtschaft 06 vom 10.02.2011 Seite 047

(15) Die Kluft beim Modekauf wird größer
aus TextilWirtschaft 12 vom 24.03.2011 Seite 015

(16) Höhere Umsätze, mehr Lehrstellen
aus TextilWirtschaft 11 vom 17.03.2011 Seite 006

(17) textil+mode Code of Conduct
aus melliand Textilberichte Nr. 01 vom 31.03.2011 Seite 008

(18) Verbraucher achten mehr auf Nachhaltigkeit bei Textilien
aus Frankfurter Allgemeine Zeitung, 12.01.2011, Nr. 9, S. 14

(19) Boss plant weiteres Rekordjahr
aus Frankfurter Allgemeine Zeitung, 30.03.2011, Nr. 75, S. 15

(20) Adidas steuert 2011 auf Ergebnisrekord zu
aus Frankfurter Allgemeine Zeitung, 03.03.2011, Nr. 52,

S. 15

Impressum

Branchenreport TEXTIL Ausgabe 1/2011

Bibliografische Information der deutschen Nationalbibliothek

Die Deutsche Nationalbibliothek verzeichnet diese Publikation in der deutschen Nationalbibliografie; detaillierte bibliografische Daten sind im Internet über http://dnb.d-nb.de abrufbar.

ISBN: 978-3-7379-1929-6

© 2015 GBI-Genios Deutsche Wirtschaftsdatenbank GmbH, Freischützstraße 96, 81927 München, www.genios.de

Alle Rechte vorbehalten. Dieses Werk ist einschließlich aller seiner Teile – z.B. Texte, Tabellen und Grafiken - urheberrechtlich geschützt. Jede Verwertung außerhalb der Grenzen des Urheberrechtsgesetzes bedarf der vorherigen Zustimmung des Verlags. Dies gilt insbesondere auch für auszugsweise Nachdrucke, fotomechanische Vervielfältigungen (Fotokopie/Mikroskopie), Übersetzungen, Auswertungen durch Datenbanken oder ähnliche Einrichtungen und die Einspeicherung und Verarbeitung in elektronischen Systemen.